# Nudo

# Allsber

## Italiano-Islandese

## Libro illustrato bilingue per bambini

Richard Carlson

Suzanne Carlson

The author would like to thank the illustrator and translators for their help.

I miei due fratelli minori, Michael e Steven, ed io stavamo lottando in un'enorme, densa e profonda pozzanghera di fango nel nostro cortile. Poi, è arrivata l'ora di cena.

La mamma è entrata nel cortile sul retro e ha detto: "Spogliatevi che vi lavo".


Tveir yngri bræður mínir, Michael og Steven, og ég vorum að glíma í stórum, þykkum og djúpum drullupolli í bakgarðinum okkar. Þá var kominn kvöldmatartími.

Mamma gekk út í bakgarðinn og sagði „farið úr fötunum og ég sprauta vatni á ykkur.“

Michael e Steven si sono tolti tutti i vestiti, ma io ho lasciato le mutande.

"Togliti le mutande", ha detto la mamma.


Michael og Steven fóru úr öllum fötunum, en ég var í nærbuxunum.

„Farðu úr nærbuxunum,“ sagði mamma.

Mi è venuto un nodo in gola. Sarah, una ragazza della mia età, abitava nella casa accanto.

Sarebbe stato già abbastanza brutto per una ragazza vedermi in mutande, figuriamoci vedermi nudo. Sentivo il cuore che mi batteva in gola.


Ég var í sjokki. Sarah, stelpa á mínum aldri, bjó í næsta húsi.

Það væri nógu slæmt að stelpa sæi mig bara á nærbuxunum, hvað þá að hún sæi mig allsberan. Ég fann hjartslátt í hálsinum.

"Non voglio", risposi, accigliato e indicando la casa accanto alla nostra. "Sarah potrebbe vedermi nudo".

„Ég vil það ekki,“ svaraði ég, gretti mig og benti á húsið við hliðina. „Sarah gæti séð mig allsberan.“

"Va bene, puoi lasciartele addosso", ha risposto la mamma con un grande sorriso. Ho sentito il mio stomaco nervoso e tremante tornare alla normalità.

„Jæja, vertu þá í þeim,“ svaraði mamma gleiðbrosandi. Kvíðinn, titrandi maginn varð aftur eins og hann átti að sér að vera.

La mamma mi ha spruzzato per lavarmi, poi abbiamo salito le scale fino al pianerottolo e siamo entrati attraverso la porta scorrevole.


Mamma sprautaði á mig þar til ég var hreinn og svo gengum við upp tröppurnar á pallinn og inn um rennidyrnar.

Dentro, mi sono sentito al sicuro, allora mi sono tolto le mutande. I miei fratelli ed io andammo velocemente, nudi, nelle nostre camere da letto e ci vestimmo di fresco.

Sono così felice di aver detto alla mamma come mi sentivo!


Inni fannst mér ég öruggur svo ég fór úr nærbuxunum. Við bræðurnir drifum okkur, allsberir, inn í herbergin okkar og fórum í hrein föt.

Ég er svo feginn að ég sagði mömmu hvernig mér leið!

**Informazioni sul libro:** Richard è un ragazzo molto timido, sensibile e fantasioso. Non c'è niente di più imbarazzante per lui di essere visto nudo da una ragazza.  La mamma capirà la sua situazione e lo aiuterà a uscire dalla situazione scomoda in cui si trova? Basato su una storia vera accaduta a Stormville, nello stato di New York, USA, intorno al 1979.

**L'autore:** Richard Carlson Jr. è un autore di libri bilingui per bambini. www.richardcarlson.com

**L'illustratrice:** Suzanne Carlson, artista dotata di un talento poliedrico, si diverte a creare un'ampia gamma di progetti. www.suzannecarlson.com